Τιάρα Κλαμπ στο Ρουμπινένιο Μέγαρο

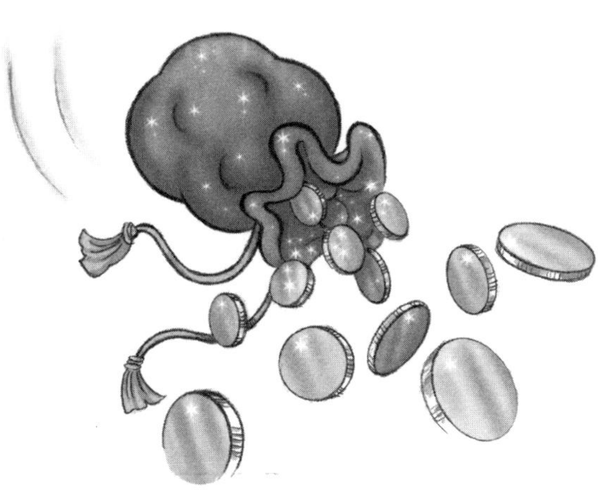

Για την αγαπημένη μου πριγκίπισσα Μαρία.
Β.Φ.

Συγγραφέας και τίτλος πρωτοτύπου:
VIVIAN FRENCH
«Princess Lauren and the Diamond Necklace»

First published in Great Britain by Orchard Books in 2007

Μετάφραση: Πετρούλα Γαβριηλίδου
Διορθώσεις: Ελένη Μπολοβίνου

Παραγωγή: ΜΙΝΩΑΣ Α.Ε.Ε.

1η έκδοση στην Ελλάδα: Απρίλιος 2009

Τ.Θ. 504 88, 141 10 Ν. Ηράκλειο, ΑΘΗΝΑ
τηλ.: 210 27 11 222 – fax: 210 27 11 056
www.minoas.gr • e-mail: info@minoas.gr

ISBN 978-960-699-921-5

Τιάρα
Κλαμπ
στο
Ρουμπινένιο
Μέγαρο

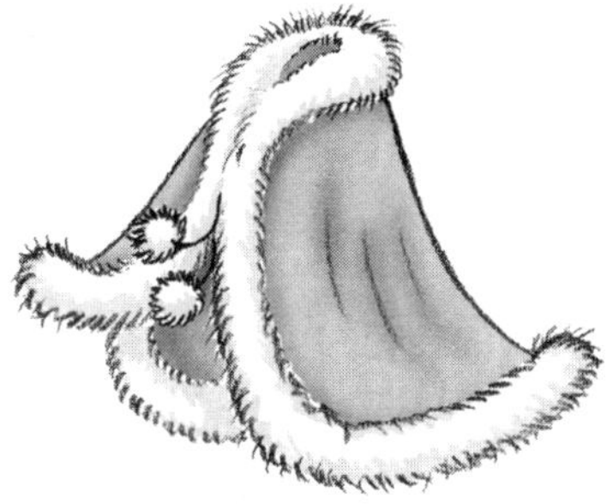

Η Πριγκίπισσα Λόρεν

και το Διαμαντένιο Κολιέ

Κείμενο: Βίβιαν Φρεντς
Εικονογράφηση: Σάρα Γκιμπ
Μετάφραση: Πετρούλα Γαβριηλίδου

ΜΙΝΩΑΣ
ΕΚΔΟΣΕΙΣ

Βασιλική Ακαδημία Εκπαίδευσης για Ιδανικές Πριγκίπισσες

(γνωστή στις μαθήτριες ως *Πριγκιπική Ακαδημία*)

Η ΑΡΧΗ ΤΟΥ ΣΧΟΛΕΙΟΥ ΜΑΣ:

Μια πριγκίπισσα σκέφτεται πάντα τους άλλους πριν από τον εαυτό της. Είναι ευγενική, φροντίζει όλους τους ανθρώπους και λέει πάντα την αλήθεια.

Η εκπαίδευση στο Ρουμπινένιο Μέγαρο είναι πλήρης, με έμφαση στη δημιουργία και τις τέχνες. Η σχολική ύλη περιλαμβάνει, εκτός των άλλων:

Δημιουργικές ιδέες για το Φεστιβάλ Φιλίας

Δημιουργία ανθοδεσμών (όλα τα αγκάθια θα πρέπει να αφαιρούνται)

Μπαλέτο για μια κορμοστασιά όλο χάρη και κομψότητα

Επίσκεψη στην έκθεση διαμαντιών (με ευχάριστη αφορμή τα γενέθλια της βασίλισσας Φαμπιόλα)

Η βασίλισσα Φαμπιόλα, η διευθύντρια του σχολείου, είναι παρούσα ανά πάσα στιγμή και οι μαθήτριες βρίσκονται υπό την προστασία της νεράιδας Τζέι και της βοηθού της, της νεράιδας Ανγκόρα.

Καθηγητικό προσωπικό:

ΒΑΣΙΛΙΑΣ ΜΠΕΡΝΑΡΝΤΟ Ο 4ος
(Διευθυντής του Ρουμπινένιου Μεγάρου)

ΛΑΙΔΗ ΑΡΑΜΙΝΤΑ
(Οικοδέσποινα της Πριγκιπικής Ακαδημίας)

ΛΑΙΔΗ ΧΑΡΙΣ
(Γραμματέας της βασίλισσας Φαμπιόλα)

ΒΑΣΙΛΙΣΣΑ ΜΗΤΕΡΑ ΜΑΤΙΛΝΤΑ
(Πρωτόκολλο, πόζες, ανθοδέσμες)

Απονέμουμε πόντους ΤΙΑΡΑ, για να ενθαρρύνουμε τις πριγκίπισσες να προχωρήσουν στο επόμενο στάδιο. Όλες οι πριγκίπισσες που κερδίζουν τους πόντους που χρειάζονται θα παραστούν σε έναν εορταστικό χορό, όπου θα τους απονεμηθούν οι ρουμπινένιες εσάρπες.

Οι πριγκίπισσες που έχουν κερδίσει τις ρουμπινένιες εσάρπες τους μπορούν να φοιτήσουν τον επόμενο χρόνο στο Μαργαριταρένιο Παλάτι, μια πολύ ιδιαίτερη σχολή για Ιδανικές Πριγκίπισσες που επιθυμούν εκπαίδευση ανωτέρου επιπέδου.

ΑΠΑΡΑΙΤΗΤΕΣ ΠΡΟΫΠΟΘΕΣΕΙΣ ΠΡΟΣΕΛΕΥΣΗΣ

Οι πριγκίπισσες πρέπει να προσέλθουν στην Ακαδημία το *λιγότερο* με:

ΕΙΚΟΣΙ ΤΟΥΑΛΕΤΕΣ ΧΟΡΟΥ
(με όλα τα απαραίτητα στεφάνια φορεμάτων, μεσοφόρια κ.λπ.)

ΕΙΚΟΣΙ ΚΑΘΗΜΕΡΙΝΑ ΦΟΡΕΜΑΤΑ

ΕΦΤΑ ΤΟΥΑΛΕΤΕΣ
κατάλληλες για πάρτι σε εξωτερικούς χώρους και άλλες ειδικές εκδηλώσεις

ΔΩΔΕΚΑ ΤΙΑΡΕΣ

ΠΑΠΟΥΤΣΙΑ ΧΟΡΟΥ
πέντε ζευγάρια

ΒΕΛΟΥΔΙΝΕΣ ΠΑΝΤΟΦΛΕΣ
τρία ζευγάρια

ΜΠΟΤΕΣ ΙΠΠΑΣΙΑΣ
δύο ζευγάρια

Μανδύες, μανσόν, εσάρπες, γάντια κι άλλα απαραίτητα πριγκιπικά αξεσουάρ

Γεια σου, αγαπημένη μας πριγκίπισσα!
Είμαι η Λόρεν. Ξέρεις ότι είμαι κι εγώ μια πριγκίπισσα του Κόκκινου Κοιτώνα; Η Χλόη, η Τζέσικα, η Τζόρτζια, η Ολίβια και η Έιμυ είναι οι καλύτερές μου φίλες, όπως κι εσύ – και είμαι πολύ χαρούμενη που είμαστε όλες εδώ μαζί στο Ρουμπινένιο Μέγαρο. Εσείς κάνετε μονοήμερες εκδρομές στο σχολείο σου; Εμείς ναι και έχει ΠΟΛΛΗ πλάκα – αρκεί να μη μας τα χαλάσουν η Ντάιαμοντ και η Γκρουέλα. Τις ξέρεις, φαντάζομαι. Είναι οι απαίσιες δίδυμες...

Κεφάλαιο Ένα

Ήμασταν ΠΟΛΥ ενθουσιασμένες! Θα πηγαίναμε εκδρομή στην Ετήσια Έκθεση Λαμπερών Διαμαντιών για Βασιλιάδες, Ευγενείς και Πριγκίπισσες, και έτσι έξω από το Ρουμπινένιο Μέγαρο μας περίμεναν οι άμαξες. Η λαίδη Χάρις (η γραμματέας της διευθύντριάς μας) έλεγχε τις λίστες με τα ονόματά μας την ώρα που εμείς βγαίναμε στην αυλή.

—Οι πριγκίπισσες του Κόκκινου Κοιτώνα είναι όλες μαζί; Τέλεια, είπε. Εμείς κατεβήκαμε τις σκάλες. Θα μπείτε στην άμαξα νούμερο τέσσερα. Βιαστείτε, ειδικά σήμερα η βασίλισσα Φαμπιόλα δε θέλει με τίποτα να αργήσετε.

Η Χλόη κι εγώ κοιταχτήκαμε έκπληκτες.

—Με συγχωρείτε, λαίδη Χάρις, ρώτησα, γιατί ειδικά σήμερα;

Η λαίδη Χάρις κούνησε το κεφάλι της με αποδοκιμασία.

—Μα στ' αλήθεια, πριγκίπισσα Λόρεν! είπε. Είμαι ΣΙΓΟΥΡΗ πως δεν κοίταξες τον πίνακα ανακοινώσεων σήμερα το πρωί. Σήμερα είναι τα γενέθλια της βασίλισσας Φαμπιόλα! Κάθε χρόνο γιορτάζουμε τα γενέθλιά της σε αυτή την έκθεση και μετά συμμετέχουμε σε μια μεγάλη γιορτή προς τιμή της με τον αδελφό της και τους κοντινούς τους φίλους.

—Τι ωραία.

Η Χλόη ήταν εντυπωσιασμένη.

—Είναι μόνο έκθεση, ρώτησε η Τζόρτζια, ή μπορεί ο κόσμος να αγοράσει και κάτι;

Είδα στα μάτια της λαίδης Χάρις μια ανεπαίσθητη λάμψη.

—Εεε... ναι, μπορεί ο κόσμος να αγοράσει. Μάλιστα ο αδελφός της βασίλισσας Φαμπιόλα τής ζητάει κάθε φορά να διαλέξει κάτι για τα γενέθλιά της και μου φαίνεται πως αυτό της αρέσει πολύ.

– ΕΜΕΙΣ θα αγοράσουμε νέες τιάρες, ακούστηκε μια φωνή από πίσω και η Ντάιαμοντ μάς έσπρωξε άγαρμπα για να μπει

ανάμεσά μας. Έτσι δεν είναι, Γκρουέλα;

Η Γκρουέλα ανέμισε ένα ροζ βελούδινο τσαντάκι στον αέρα.

–Φυσικά και θα αγοράσουμε, είπε. Η μαμά μάς έστειλε ΕΝΑ ΣΩΡΟ λεφτά. Μας είπε να αγοράσουμε τις ΚΑΛΥΤΕΡΕΣ που θα βρούμε! Πάμε, Νταίαμοντ.

Έπιασε την αδελφή της από το χέρι και

κατευθύνθηκαν προς την πρώτη άμαξα.

—Έπρεπε να πάρουμε λεφτά μαζί μας; μας ρώτησε η Τζέσικα. Δεν έλεγε κάτι σχετικό στον πίνακα ανακοινώσεων.

Η λαίδη Χάρις έβηξε ελαφρά και ήμουν ΣΙΓΟΥΡΗ ότι δε συμφωνούσε με τη συμπεριφορά των διδύμων. Ωστόσο, είπε μόνο:

—Η βασίλισσα Φαμπιόλα θέλει να είστε συγκεντρωμένες σε όσα θα δείτε και όχι απαραιτήτως να αγοράσετε κάτι. Σταμάτησε για λίγο και μετά έβγαλε έναν αναστεναγμό. Θα δείτε μερικά ΠΟΛΥ όμορφα στέμματα και τιάρες... Λοιπόν, ώρα να μπείτε στις άμαξες, αγαπητές μου.

Εμείς πήγαμε στην τέταρτη άμαξα. Η Αλίκη και η Νταίζυ από το Ροζ Κοιτώνα ήταν ήδη εκεί και χαμογέλασαν όταν μας είδαν.

—Ζήτω! είπε η Νταίζυ και χτύπησε παλαμάκια. Τι καλά που είστε εσείς μαζί μας!

—Μας χώρισαν από τις υπόλοιπες του Ροζ Κοιτώνα, είπε η Αλίκη, και φοβηθήκαμε ότι θα μας έβαζαν με την Γκρουέλα και την Ντάιαμοντ.

Η Ολίβια έκανε μια γκριμάτσα.

—Αυτές έτρεξαν στην πρώτη άμαξα. Θέλουν να αγοράσουν καινούριες τιάρες.

Η Αλίκη ξαφνιάστηκε πολύ.

—Η βασίλισσα Φαμπιόλα δε θα ενθουσιαστεί με αυτή την ιδέα. Θέλει να μελετήσουμε την έκθεση, γιατί μετά θα εξεταστούμε.

Μείναμε όλες έκπληκτες.

—Εμάς ΚΑΝΕΝΑΣ δε μας είπε ότι θα εξεταστούμε! τσίριξε αγανακτισμένη η Τζόρτζια.

—Ούτε εμάς, είπε η Νταίζυ. Αλλά η μεγάλη αδελφή της Αλίκης ήταν εδώ πέρυσι και είπε στην Αλίκη να είναι συγκεντρωμένη και να κρατάει σημειώσεις.

Η Αλίκη χαμογέλασε πλατιά.

—Η αδελφή μου πήρε ένα σωρό αρνητικούς πόντους τιάρα! Γύρναγε στην έκθεση και σκεφτόταν μόνο τι υπέροχα που

ήταν όλα! Και την επόμενη μέρα ανακάλυψε ότι έπρεπε να ξέρει ΑΚΡΙΒΩΣ ποια τιάρα προοριζόταν για κάθε περίσταση!

Έβγαλα το σημειωματάριο από την τσάντα μου.

—Μάλιστα, είπα. Εμείς θα κερδίσουμε ΠΟΛΛΟΥΣ πόντους τιάρα. Έχει καμιά σας μολύβι;

Η Τζέσικα το κούνησε κάτω από τη μύτη μου.

—Πάρε. Και πού ξέρεις; Ίσως πάρουμε πιο πολλούς πόντους από την Ντάιαμοντ και την Γκρουέλα!

Κεφάλαιο Δύο

Η έκθεση διαμαντιών ήταν ΤΕΡΑΣΤΙΑ. Δε νομίζω ότι περίμενε καμιά μας να δει τόσα πολλά δωμάτια και τόσους στρατιώτες να φυλάνε τα αντικείμενα. Το κάθε δωμάτιο περιελάμβανε διάφορα εκθαμβωτικά στέμματα και απίθανες τιάρες με ταμπέλες όπως «Ιδανικό για την απονομή βραβείων», «Ιδανική για την υποδοχή ξένων επισήμων» ή «Ιδανική για την ενθάρρυνση των νεράιδων να δώσουν ευχές». Υπήρχαν επίσης εκατοντάδες διαμαντένια βραχιόλια και κολιέ και σκουλαρίκια και μερικά ήταν πραγματικά εκπληκτικής ομορφιάς.

και το Διαμαντένιο Κολιέ

Η Αλίκη και η Νταίζυ πήγαν να συναντήσουν τις υπόλοιπες πριγκίπισσες από το Ροζ Κοιτώνα και εμείς ξεκινήσαμε αμέσως δουλειά. Ευτυχώς, η Τζόρτζια είναι πολύ καλή στη ζωγραφική και έτσι σχεδίασε πολλά διαφορετικά σχέδια κι

εμείς κρατάγαμε σημειώσεις από κάτω.

Είδαμε κι ένα ΚΑΤΑΠΛΗΚΤΙΚΟ διαμαντένιο κολιέ, που έλαμπε τόσο πολύ, που σχεδόν με τύφλωνε! Δεν μπόρεσα να μη βγάλω ένα μικρό αναστεναγμό όταν φύγαμε μακριά του για να πάμε στο άλλο δωμάτιο.

Δουλέψαμε ΠΑΡΑ πολύ! Τη στιγμή που φεύγαμε από το τελευταίο δωμάτιο, αφού είχαμε κρατήσει σημειώσεις για την Ιδανική Τιάρα για το Πολύτιμο Μωρό σας, είδαμε την Ντάιαμοντ και την Γκρουέλα να έρχονται καταπάνω μας.

–Κοίτα, Γκρουέλα! είπε η Ντάιαμοντ με μια απαίσια φωνή. Είναι οι καημένες από τον Κόκκινο Κοιτώνα! Είμαι σίγουρη ότι δεν μπόρεσαν να αγοράσουν ΤΙΠΟΤΑ. Ενώ ΕΜΕΙΣ φυσικά αγοράσαμε, ε;

Η Γκρουέλα έγνεψε καταφατικά. Κράταγε κι αυτή μια όμορφη τσαντούλα με ψώνια, αλλά δε φαινόταν ούτε στο ελάχιστο τόσο χαρούμενη όσο η Ντάιαμοντ.

—ΕΣΥ αγόρασες κάτι, είπε. Δεν έφτασαν τα λεφτά και για μένα την καημένη!

—Μη λες ψέματα! Πήρες ένα υπέροχο δαχτυλίδι! της είπε η Ντάιαμοντ. Και μπορείς να φοράς την τιάρα μου όταν δεν τη χρησιμοποιώ εγώ.

Η Γκρουέλα έβαλε το χέρι της κάτω από τη μύτη μου για να δω το μικροσκοπικό διαμαντένιο δαχτυλίδι που φορούσε στο δάχτυλό της.

—ΕΣΥ τι λες, Λόρεν; Είναι δίκαιο αυτό; ρώτησε. Η Ντάιαμοντ αγόρασε την πιο ακριβή τιάρα της έκθεσης κι εγώ αυτό!

—Εεε... ξεκίνησα να λέω, αλλά πριν

προλάβω να μιλήσω, με διέκοψε η Ντάιαμοντ.

–Η Λόρεν συμφωνεί μαζί μου, είπε. Πραγματικά, δεν μπορώ να καταλάβω ΓΙΑΤΙ κάνεις τόσο φασαρία!

Λοιπόν, δεν ξέρω για σένα, αλλά εγώ ΣΙΧΑΙΝΟΜΑΙ να βλέπω αδικίες. Επίσης, δε μου αρέσει να μου λένε τι να λέω. Ξέρω ότι οι Ιδανικές Πριγκίπισσες πρέπει να είναι πάντα ήρεμες και συγκαταβατικές, αλλά δεν είμαι πολύ καλή στο να μη λέω τι σκέφτομαι. Έτσι, γύρισα και είπα στην Ντάιαμοντ:

–Ειλικρινά πιστεύω ότι η Γκρουέλα έχει δίκιο. Έπρεπε να μοιραστείτε ισότιμα τα λεφτά. Αν η τιάρα που ήθελες ήταν τόσο ακριβή, έπρεπε να διαλέξεις μια φθηνότερη!

Η Ντάιαμοντ θύμωσε ΠΑΡΑ ΠΟΛΥ.

—Ξέρεις κάτι; Δε σου πέφτει λόγος, πριγκίπισσα Ξερόλα! Περίμενε και θα δεις! Θα μετανιώσεις γι' αυτό που είπες..., είπε.

Έπειτα, με κοίταξε ψυχρά και έφυγε. Η Γκρουέλα ήταν διστακτική.

—Ευχαριστώ, είπε, αλλά μάλλον είναι καλύτερα να πάω και να της πω ότι τελικά δε με πειράζει. Αλλιώς θα είναι απαίσια μαζί μου.

—Γιατί δεν υπερασπίζεσαι τον εαυτό σου; ρώτησα. Είναι απαίσια μαζί σου επειδή την αφήνεις να είναι.

Η Γκρουέλα κούνησε αρνητικά το κεφάλι.

—Δεν την ξέρεις καλά, είπε και έτρεξε να προλάβει την αδελφή της.

Τις βλέπαμε να απομακρύνονται και η Έιμυ είπε:

–Καμιά φορά λυπάμαι την Γκρουέλα. Δεν είναι τόσο απαίσια όσο η Ντάιαμοντ.

–Ναι, είπα, με μια αμφιβολία όμως στη φωνή μου. Αλλά δεν προσπαθεί ποτέ να τη σταματήσει.

Η Χλόη με έπιασε από το μπράτσο.

—Να προσέχεις μη σου κάνει κάτι κακό τώρα η Ντάιαμοντ. Δεν της αρέσει καθόλου να της λένε ότι δεν είναι τέλεια.

—Δε θα μου κάνει τίποτα, είπα χαρωπά. Άλλωστε, τι θα μπορούσε να κάνει εδώ;

Κεφάλαιο Τρία

Αποφασίσαμε να πάμε στο μπάνιο για να φρεσκαριστούμε πριν από το γεύμα γενεθλίων, αλλά την ώρα που περνάγαμε κάτι στριφογυριστές πόρτες, είδαμε έναν περίεργο, γέρο βασιλιά που ερχόταν κουτσαίνοντας προς το μέρος μας. Προσπαθούσε να κρατήσει το μανδύα στο ένα του χέρι – αλλά όλο σκόνταφτε και έπεφτε στο διάδρομο. Τρέξαμε να τον βοηθήσουμε, αλλά κάθε φορά που σηκωνόταν, ξανάπεφτε. Στο τέλος καταφέραμε να τον ξεμπλέξουμε από το μανδύα του και τον βάλαμε σε μια καρέκλα δίπλα στον τοίχο, όπου έκατσε με ανακούφιση, και με την κορόνα να του έχει πέσει από τη μία μεριά, μας χαμογελούσε.

–Μικρές μου πριγκίπισσες, είπε, τι καλές που είστε! Νομίζω πως πρέπει να κάτσω λίγο εδώ να πάρω μια ανάσα. Δεν έπρεπε να βιάζομαι τόσο πολύ.

–Θέλετε να φωνάξουμε κάποιον να σας βοηθήσει, Μεγαλειότατε; ρώτησε η Ολίβια.

–Όχι, όχι, όχι, είπε ο βασιλιάς. Είμαι μια χαρά. Μια χαρά. Θα μπορούσατε ίσως να μου κάνετε μια χάρη;

Υποκλιθήκαμε όλες βαθιά.

–Θα ήταν τιμή μας να σας βοηθήσουμε, του είπα.

–Να..., ο βασιλιάς έψαξε στην τσέπη

του και έβγαλε ένα βελούδινο μπλε πουγκί που κουδούνιζε. Μόλις συνειδητοποίησα ότι έχω όλα αυτά τα λεφτά μαζί μου αλλά δεν έχω δώρο. Μπορείτε εσείς, καλά μου κορίτσια, να διαλέξετε κάτι για την αδελφή μου; Ήθελα να της κάνω έκπληξη αλλά άργησα να έρθω... ξέχασα πού πήγαινα κι έκανα κύκλους.

– Ω! Τα μάτια της Τζέσικα άνοιξαν διάπλατα. Μεγαλειότατε, είστε ο αδελφός της βασίλισσας Φαμπιόλα;

Ο βασιλιάς χαμογέλασε.

– Το ήξερα ότι είστε πανέξυπνες αμέσως μόλις σας είδα. Την ξέρετε, έτσι δεν είναι;

– Μα, ΦΥΣΙΚΑ, Μεγαλειότατε! είπε η Τζόρτζια και υποκλίθηκε ξανά. Είναι η διευθύντριά μας.

—Τι σύμπτωση! Το χαμόγελο του βασιλιά έγινε ακόμα πιο πλατύ. Με τίποτα δε φανταζόμουν ότι όταν μεγάλωνε, θα γινόταν διευθύντρια. Ήταν πολύ σκανταλιάρα μικρή! Αλλά αυτά είναι πολύ παλιά... και τώρα γιορτάζουμε τα ογδοηκοστά γενέθλια. Ογδόντα χρόνια! Θα της βρείτε κάτι ιδιαίτερο για εμένα;

Ξαφνικά, μου ήρθε μια ιδέα.

—Μεγαλειότατε, είδαμε το πιο όμορφο διαμαντένιο κολιέ του κόσμου σε ένα δωμάτιο εδώ.

—Τέλεια! Ο βασιλιάς ενθουσιάστηκε τόσο, που του έπεσε η κορόνα από το κεφάλι. Τρέξε, καλό μου κορίτσι, και αγόρασε αυτό το κολιέ.

—Βεβαίως, Μεγαλειότατε, είπα και πήρα το πουγκί. Ήμουν έτοιμη να φύγω

όταν ο βασιλιάς πήρε την κορόνα από κάτω και την κοίταξε καλά καλά.

–Τι περίεργο, είπε. Αυτή μοιάζει με τη δική μου! Πώς να βρέθηκε εδώ; Την έβαλε πάλι στο κεφάλι του και σηκώθηκε. Πρέπει να βρω τη βασίλισσα Φαμπιόλα, γλυκές μου, είπε. Είναι τα γενέθλιά της σήμερα!

Και έφυγε κουτσαίνοντας από τον ίδιο διάδρομο που είχε έρθει.

Κεφάλαιο Τέσσερα

Κοιταχτήκαμε μεταξύ μας.

—Θα είναι εντάξει, λέτε; ρώτησε η Έιμυ. Μου φαίνεται λίγο ξεχασιάρης.

—Και η γιαγιά μου είναι έτσι, είπε η Χλόη. Αλλά δεν έχει πρόβλημα.

—Η λαίδη Χάρις μάς είχε πει πως θα ήταν εδώ σήμερα. Η Τζόρτζια έτριψε τη μύτη της σκεφτική. Και πως πάντα αγοράζει ένα δώρο για τη βασίλισσα Φαμπιόλα...

Κοίταζα το βελούδινο πουγκί του βασιλιά.

—Αμάν! φώναξα. Έχει ΠΟΛΛΑ λεφτά εδώ μέσα!

—Σε λίγο θα είναι η ώρα του φαγητού, επισήμανε η Τζέσικα. Πρέπει να βιαστούμε αν θέλουμε να αγοράσουμε το κολιέ.

Η Ολίβια με έπιασε από το χέρι.

—Πάμε! είπε και τρέξαμε προς το διάδρομο όπου πέσαμε πάνω στην Ντάιαμοντ

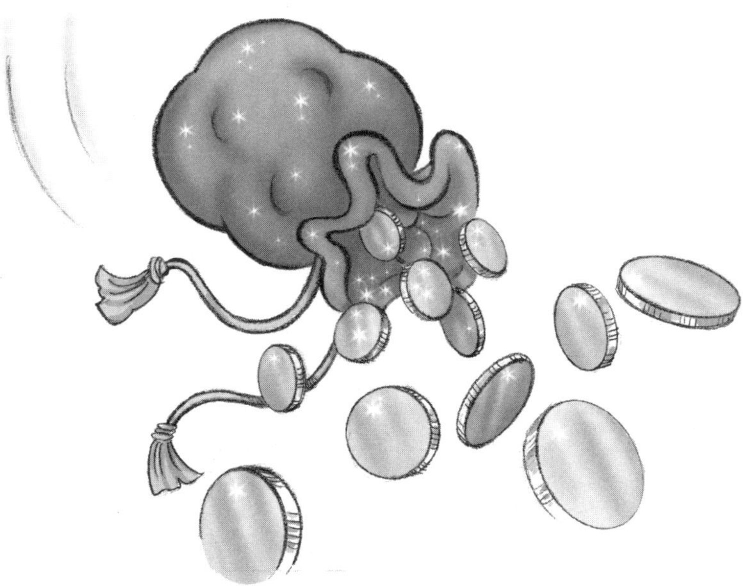

και την Γκρουέλα. Το βελούδινο μπλε πουγκί μού έφυγε από τα χέρια και χρυσά νομίσματα πετάχτηκαν παντού τριγύρω.

–Οχ, ΟΧΙ!

Σκύψαμε και οι έξι να τα μαζέψουμε. Η

Ντάιαμοντ και η Γκρουέλα μάς κοιτούσαν σαν να ήμασταν παλαβές.

—Χριστούλη μου, είπε η Ντάιαμοντ. Αυτές ξαφνικά έγιναν πλούσιες! Και έτρεχαν προς την αντίθετη από την τραπεζαρία κατεύθυνση... πολύ περίεργο. Έλα, Γκρουέλα. ΕΜΕΙΣ δε θέλουμε να αργήσουμε! είπε και τράβηξε την Γκρουέλα να φύγουν.

Δεν μπήκα στη διαδικασία να τους απαντήσω. Είχα την έννοια να μαζέψω όλα τα χρυσά νομίσματα και να τα βάλω πίσω στο πουγκί.

—Είμαι σίγουρη ότι τα μαζέψαμε όλα, είπε ανακουφισμένη η Ολίβια. Το κολιέ δεν είναι σε εκείνο εκεί το δωμάτιο;

—Ναι! είπα και αναστέναξα με ανακούφιση κι εγώ. Πάμε να το αγοράσουμε και μετά πάμε να φάμε.

Το διαμαντένιο κολιέ ήταν ΠΑΝΑΚΡΙΒΟ! Χρειάστηκε να δώσουμε σχεδόν όλα τα χρυσά νομίσματα του βασιλιά.

—Λέτε να είναι εντάξει; ψιθύρισε η Χλόη όσο η πωλήτρια έβαζε το κολιέ σε ένα μεταξένιο κουτάκι. Εβδομήντα χρυσά νομίσματα είναι πολλά λεφτά...

—Ο ίδιος ο βασιλιάς μού είπε να το αγοράσω, είπα. Λογικά, αν δεν το θέλει, μπορεί να το επιστρέψει.

—Αυτό είναι αλήθεια, είπε η Τζέσικα. Αν και νομίζω ότι η βασίλισσα Φαμπιόλα θα το λατρέψει.

Πήραμε το κουτί και το βάλαμε στο πουγκί μαζί με τα λεφτά που είχαν απομείνει. Μετά ευχαριστήσαμε την πωλήτρια και φύγαμε βιαστικά για την τραπεζαρία της έκθεσης. Φτάσαμε λαχανιασμέ-

νες την ώρα που η βασίλισσα Φαμπιόλα έπαιρνε τη θέση της στο μεγάλο τραπέζι. Η νεράιδα Τζέι, η αγαπημένη μας νεραϊ-

δονονά, ήταν από πίσω μας μαζί με άλλους βασιλιάδες και βασίλισσες.

—Να και ο αδελφός της βασίλισσας

Φαμπιόλα! μου ψιθύρισε η Τζόρτζια στο αυτί.

Η Τζόρτζια είχε δίκιο. Ο μικροσκοπικός βασιλιάς ήταν ο τελευταίος της πομπής. Μόλις έκατσε κι αυτός, εμφανίστηκε ένας σαλπιγκτής, έβγαλε ένα ΤΑΡΑ ΤΑ ΤΑ κι ένας ευγενής με πολύ σοβαρή όψη και χρυσό μανδύα εμφανίστηκε στη μέση της αίθουσας.

—Με μεγάλη μου χαρά και τιμή, εύχομαι στην Αυτού Μεγαλειότητα βασίλισσα Φαμπιόλα, διευθύντρια του Ρουμπινένιου Μεγάρου, πολλές ακόμα ευτυχισμένες επισκέψεις στην Ετήσια Έκθεση Λαμπερών Διαμαντιών για Βασιλιάδες, Ευγενείς και Πριγκίπισσες! ανακοίνωσε.

Η βασίλισσα Φαμπιόλα κούνησε το χωνί που είχε για να ακούει καλύτερα.

–Ευχαριστώ! Ευχαριστώ! φώναξε και όλοι αρχίσαμε να χειροκροτάμε δυνατά.

–Και τώρα, συνέχισε ο ευγενής, καλώ την Αυτού Μεγαλειότητα Βασιλιά Φορε-

στίνο να βγάλει τον ετήσιο γενέθλιο λόγο του!

Ο μικροσκοπικός, γερούλης βασιλιάς

σηκώθηκε και κοίταξε έκπληκτος γύρω του.

–Άχου! είπε. Να τα ΠΑΛΙ τα γενέθλια της αδελφής! Καλά, καλά, καλά. Φυσικά, χαίρομαι πάρα πολύ που είμαι εδώ. Πάρα πάρα πολύ. Φέτος είναι πολύ ιδιαίτερα γενέθλια, έτσι δεν είναι, καλή μου Φάμπι; Ογδόντα χρόνια! Φαντάσου! Και..., άρχισε να ψαχουλεύει στις τσέπες του, έχω ένα διαφορετικό δώρο αυτή τη φορά. Αποφάσισα να σου κάνω έκπληξη, έτσι για αλλαγή. Τίποτα καλύτερο από μία έκπληξη! Σου έφερα ογδόντα χρυσά νομίσματα για τα γενέθλιά σου, αγαπημένη μου αδελφή – ογδόντα χρυσά νομίσματα για τα ογδόντα υπέροχα χρόνια.

Ο βασιλιάς σταμάτησε ξαφνικά και φάνηκε ανήσυχος.

—ΟΧ, ΟΧ, ΟΧ, ΟΧ! Τα μάτια του πετάχτηκαν έξω όταν έβγαλε τις άδειες τσέπες του. Βοήθεια! Βοήθεια! ΒΟΗΘΕΙΑ! Με έκλεψαν! ΜΕ ΕΚΛΕΨΑΝ!

Όλοι είχαν μείνει με το στόμα ανοιχτό κι εμείς πεταχτήκαμε και πήγαμε μπροστά. Οι στρατιώτες κάθονταν προσοχή και περίμεναν διαταγές. Τότε ακούστηκε

δυνατά και καθαρά η φωνή της Ντάιαμοντ.

– Ρωτήστε την πριγκίπισσα Λόρεν! ΑΥΤΗ είχε ένα πουγκί γεμάτο με χρυσά νομίσματα... Εγώ κι η αδελφή μου την είδαμε να τρέχει κρατώντας το!

Κεφάλαιο Πέντε

Σου έχει τύχει ποτέ να βρίσκεσαι σε ένα δωμάτιο γεμάτο με ανθρώπους που σε κοιτάζουν ΕΠΙΜΟΝΑ και καχύποπτα; Ήταν ΦΟΒΕΡΟ – και μου φαινόταν πως ο χρόνος είχε σταματήσει και εγώ απλώς δεν μπορούσα ούτε να μιλήσω ούτε να κουνηθώ.

Μου φαινόταν σαν να είχα παγώσει μέσα σε έναν εφιάλτη που δεν έλεγε να τελειώσει με τίποτα.

– Πες τους, Λόρεν! ΔΕΝ είναι αλήθεια! μου ψιθύρισε μια φωνή.

Γύρισα και είδα τη Χλόη – ήταν σαν να είχε λύσει τα μάγια. Σηκώθηκα όρθια και οι φίλες μου με ακολούθησαν. Το μυαλό μου γύριζε και ήξερα ότι έπρεπε να πω κάτι – αλλά ΤΙ; Πώς μπορούσα να πω σε τόσους ανθρώπους ότι ο αδελφός της διευθύντριάς μας τα είχε χάσει;

– Με συγχωρείτε, άρχισα να λέω και η φωνή μου έτρεμε τόσο που έπρεπε να σταματήσω και να αρχίσω ξανά. Με συγχωρείτε, νομίζω πως έχει γίνει... κάποια παρεξήγηση, είπα και υποκλίθηκα στον πρίγκιπα Φορεστίνο. Μεγαλειότατε, είναι αλήθεια ότι έχω το πουγκί σας, αλλά έχω και το δώρο που μου ζητήσατε να πάρω για τη βασίλισσα Φαμπιόλα. Αν έκανα κάποιο λάθος, λυπάμαι πάρα πολύ, αλλά...

Αναγκάστηκα να σταματήσω. Ήμουν έτοιμη να βάλω τα κλάματα, οπότε υποκλίθηκα πάλι και έδωσα το πουγκί στο στρατιώτη που ήταν από πίσω μου. Αυτός

χτύπησε τα τακούνια του και πήγε στο βασιλιά Φορεστίνο. Ο γερούλης βασιλιάς πήρε το πουγκί και χαμογέλασε.

– Ωραία. Πολύ ωραία! Τέλος καλό, όλα καλά, ε; είπε και έβαλε το πουγκί πίσω στην τσέπη, έκατσε κάτω και χαμογέλασε σε όλους ευχαριστημένος.

Μεσολάβησε σιγή και μετά η βασίλισσα Φαμπιόλα κοπάνησε το τραπέζι με το χωνί της. Τα μάτια της έβγαζαν φωτιές και το στομάχι μου είχε ανακατευτεί.

– Για μια στιγμή! Δεν καταλαβαίνω. Δεν καταλαβαίνω τίποτα. Πριγκίπισσα Λόρεν, τι ΑΚΡΙΒΩΣ έκανες; ΠΟΥ είναι το δώρο μου;

Πήρα μια βαθιά ανάσα.

– Μεγαλειοτάτη, είναι στην τσέπη του βασιλιά Φορεστίνο.

Όσο μιλούσα, η νεράιδα Τζέι μού έριχνε κοφτερές ματιές. Έβγαλε το ραβδί της από την τσέπη και με μια γρήγορη κίνηση σκόρπισε αστράκια παντού στο δωμάτιο, που κατέληξαν στο κεφάλι και τους ώμους του βασιλιά Φορεστίνο. Αυτός φτερνίστηκε και ξεσκονίστηκε με ένα μεγάλο μοβ μαντίλι.

– Τι; Τι; Τι έγινε; Σκόνη μνήμης, ε; Ποιος τη χρειάζεται; Εγώ θυμάμαι τα πάντα καθαρά και ξάστερα! Όπως πάντα!

Έκρυψε το μαντίλι και έβγαλε το πουγκί. Μου έκλεισε το μάτι και έβγαλε από το πουγκί το διαμαντένιο κολιέ.

– Καλή μου Φαμπιόλα, ευτυχισμένα γενέθλια! Μία από τις χαριτωμένες πριγκίπισσές σου με βοήθησε να σου αγορά-

σω το δώρο των γενεθλίων σου. Ελπίζω να σου αρέσει.

Βυθίστηκα στην καρέκλα μου με φοβερή ανακούφιση και η βασίλισσα Φαμπιόλα άνοιξε το δώρο της.

—Σαν κι εμάς κάνει! ψιθύρισε η Τζόρτζια. Είναι ΠΟΛΥ ενθουσιασμένη!

—Και της αρέσει ΦΟΒΕΡΑ το κολιέ! πρόσθεσε η Τζέσικα. Κοίτα το πρόσωπό της! Έχει γίνει κατακόκκινο!

Ήταν αλήθεια. Η διευθύντριά μας έλαμπε από ενθουσιασμό, έβαλε το λαμπερό κολιέ στο λαιμό της και αγκάλιασε σφιχτά το βασιλιά Φορεστίνο. Αυτός ντράπηκε λιγάκι.

—Νομίζω πως πρέπει να αγκαλιάσεις και τη μικρή μου βοηθό, είπε. Ή μάλλον όλες τους, τις έξι μικρές πριγκίπισσες. Πολύ καλά κορίτσια. Κάνεις εξαιρετική δουλειά, Φάμπι – πραγματικά εξαιρετική. Πρέπει να είσαι περήφανη!

Η διευθύντριά μας έγνεψε καταφατικά.

—Είμαι, Φορεστίνο, είμαι. Αν και..., κοίταξε τριγύρω μέχρι που είδε την Ντάιαμοντ, δεν κατάλαβα τι έλεγες πριν που φώναζες, πριγκίπισσα Ντάιαμοντ. Τι ήταν;

Αυτή τη φορά όλοι κοιτούσαν την Ντάιαμοντ. Περίμενα ότι θα ένιωθε άσχημα, αλλά το αντίθετο. Τελείως. Χαμογέλασε ψεύτικα.

—Με συγχωρείτε, Μεγαλειοτάτη, προσπάθησα να βοηθήσω, είπε και γύρισε προς την αδελφή της. Έτσι δεν είναι, Γκρουέλα;

Τότε έγινε κάτι πραγματικά ΠΕΡΙΕΡΓΟ.

—Όχι, καθόλου. Ήθελες να μπλέξεις τη Λόρεν γιατί με υπερασπίστηκε πριν! Η Λόρεν είναι ΚΑΛΗ – δεν είναι σαν κι εσένα! είπε η Γκρουέλα.

—Τι; Δεν άκουσα. Τι είπες;

Η καημένη η βασίλισσα Φαμπιόλα ήταν

ΠΟΛΥ μπερδεμένη, αλλά η νεράιδα Τζέι επενέβη αμέσως.

– Ευχαριστούμε, Γκρουέλα, είπε. Αλλά δε θέλουμε να χαλάσουμε αυτή την υπέροχη γιορτή, ε; Ελάτε με την Γκρουέλα να με βρείτε μετά το τραπέζι. Αλλά για την ώρα, προτείνω να τραγουδήσουμε όλοι μαζί «χρόνια πολλά» στη βασίλισσα Φαμπιόλα!

Πράγματι, αυτό κάναμε – και μετά η βασίλισσα Φαμπιόλα και ο βασιλιάς Φορεστίνο ήρθαν να ευχαριστήσουν εμένα και τις φίλες μου.

– Είναι το πιο ωραίο διαμαντένιο κολιέ που έχω δει ποτέ, είπε η διευθύντρια. Και κάθε φορά που θα το φοράω θα σκέφτομαι πόσο περήφανη είμαι για τις πριγκίπισσές μου.

—Μήπως να τους δώσεις αυτούς τους πόντους τιάρα που μου έλεγες; πρότεινε ο βασιλιάς Φορεστίνο.

–Τέλεια ιδέα! είπε η βασίλισσα Φαμπιόλα. Είκοσι πόντους για την καθεμία!

Υποκλιθήκαμε όλες με ευγνωμοσύνη.

—Και τώρα, είπε ο βασιλιάς Φορεστίνο, ας φάμε! Πεινάω σαν ΛΥΚΟΣ!

Κεφάλαιο Έξι

Το γεύμα ήταν πεντανόστιμο και περάσαμε πολύ καλά. Στο τέλος, είχε και πυροτεχνήματα που τέλειωναν με μια φωτεινή επιγραφή: «ΧΡΟΝΙΑ ΠΟΛΛΑ, ΒΑΣΙΛΙΣΣΑ ΦΑΜΠΙΟΛΑ!».

Μετά ήρθαν οι μουσικοί, τα τραπέζια τραβήχτηκαν και εμείς χορεύαμε όλο το απόγευμα.

Την ώρα που ήρθαν οι άμαξες να μας πάρουν, ήμασταν εξαντλημένες. Καταρρεύσαμε στα μαλακά, βελουδένια μαξι-

λάρια και σχεδόν δεν είπαμε λέξη μέχρι να φτάσουμε στο Ρουμπινένιο Μέγαρο.

Εκείνο το βράδυ, ήμασταν τόσο κουρασμένες, που δεν κουβεντιάσαμε καθόλου, αλλά πέσαμε κατευθείαν για ύπνο. Όταν ξάπλωσα, σκεφτόμουν πόσο τυχερή ήμουν

που δεν ήμουν η Γκρουέλα, που έχει φίλη μόνο την απαίσια αδελφή της.

–Καημένη Γκρουέλα, είπα νυσταλέα. Είμαι ΤΟΣΟ τυχερή. Έχω έξι ΥΠΕΡΟΧΕΣ φίλες. Πέντε από τον Κόκκινο Κοιτώνα... κι εσένα. Έξι Ιδανικές Πριγκίπισσες... και έξι Ιδανικές Φίλες.

Υ.Γ. Θέλεις να μάθεις τι έγινε με τις εξετάσεις μετά την επίσκεψη στην έκθεση;

ΣΚΙΣΑΜΕ! Πήραμε άλλους δέκα πόντους τιάρα. Η Ντάιαμοντ ήταν τελευταία στην τάξη... ενώ η Γκρουέλα την πέρασε με εφτά πόντους, γιατί ήξερε τι δώρο έπρεπε να κάνει σε μια βασίλισσα για τα ογδοηκοστά γενέθλιά της. Ένα πανέμορφο διαμαντένιο κολιέ!

Τι συμβαίνει μετά στο Ρουμπινένιο Μέγαρο;
Διάβασε τη συνέχεια:

Η Πριγκίπισσα Έιμυ
και η Χρυσή Άμαξα

*Γεια χαρά σε όλες τις πριγκίπισσες, και κυρίως σε εσένα!
Είμαι η πριγκίπισσα Έιμυ, από τον Κόκκινο Κοιτώνα.
Δεν είναι ΤΕΛΕΙΑ στο Ρουμπινένιο Μέγαρο;
Είμαι σίγουρη, πάντως, πως και το Διαμαντένιο Παλάτι
θα είναι ΠΟΛΥ ωραίο – αρκεί να είσαι κι εσύ μαζί μας
και όλες οι φίλες μου από τον Κόκκινο Κοιτώνα.
Δεν μπορώ χωρίς τη Χλόη, την Τζέσικα, την Τζόρτζια,
την Ολίβια και τη Λόρεν. Αναρωτιέμαι αν θα είναι και
οι απαίσιες δίδυμες στο Διαμαντένιο Παλάτι, η Ντάιαμοντ
και η Γκρουέλα. Είναι ΤΟΣΟ απαίσιες!
Ειδικά η Ντάιαμοντ...*

Τιάρα Κλαμπ

Η Πριγκίπισσα Έιμυ
και η Χρυσή Άμαξα

Η Πριγκίπισσα Χλόη
και το Τριανταφυλλένιο Φόρεμα

Η Πριγκίπισσα Πόρτζια
και το Αστραφτερό Διαμάντι

Η Πριγκίπισσα Τζέσικα
και το Βραχιόλι της Φιλίας

Η Πριγκίπισσα Λόρεν
και το Διαμαντένιο Κολιέ

Η Πριγκίπισσα Ολίβια
και ο Βελούδινος Μανδύας

Τιάρα
Κλαμπ

Επισκεφθείτε την ιστοσελίδα του ΤΙΑΡΑ ΚΛΑΜΠ

www.tiaraclub.co.uk

Θα βρείτε παιχνίδια για Ιδανικές Πριγκίπισσες

και θα μάθετε τα νέα του ΤΙΑΡΑ ΚΛΑΜΠ!

Τιάρα Κλαμπ

Η Πριγκίπισσα Σαρλότ
και ο Πριγκιπικός Χορός

Η Πριγκίπισσα Κέιτ
και το Ασημένιο Πόνι

Η Πριγκίπισσα Νταίζυ
και ο Λαμπερός Δράκος

Η Πριγκίπισσα Αλίκη
και ο Μαγικός
Καθρέφτης

Η Πριγκίπισσα Σοφία
και η Απίστευτη
Έκπληξη

Η Πριγκίπισσα Έμιλυ
και η Πανέμορφη
Νεράιδα

Τιάρα Κλαμπ στον Ασημένιο Πύργο

Η Πριγκίπισσα Σαρλότ και το Μαγεμένο Τριαντάφυλλο

Η Πριγκίπισσα Κέιτ και το Σκουπόξυλο που Χορεύει

Η Πριγκίπισσα Νταίζυ και το Μαγικό Λούνα Παρκ

Η Πριγκίπισσα Αλίκη και το Κρυστάλλινο Γοβάκι

Η Πριγκίπισσα Σοφία και το Πάρτι του Πρίγκιπα

Η Πριγκίπισσα Έμιλυ και το Πεφταστέρι

Τιάρα Κλαμπ στο Ρουμπινένιο Μέγαρο

Η Πριγκίπισσα Έιμυ
και η Χρυσή Άμαξα

Η Πριγκίπισσα Χλόη και
το Τριανταφυλλένιο
Φόρεμα

Η Πριγκίπισα Τζόρτζια
και το Αστραφτερό
Διαμάντι

Η Πριγκίπισσα Τζέσικα
και το Βραχιόλι
της Φιλίας

Η Πριγκίπισσα Λόρεν
και το Διαμαντένιο
Κολιέ

Η Πριγκίπισσα Ολίβια
και ο Βελούδινος
Μανδύας